EDUCAÇÃO AMBIENTAL PARA SURDOS E RIBEIRINHOS
AVANÇOS E CONQUISTAS EM BUSCA DA INCLUSÃO

Editora Appris Ltda.
1.ª Edição - Copyright© 2024 dos autores
Direitos de Edição Reservados à Editora Appris Ltda.

Nenhuma parte desta obra poderá ser utilizada indevidamente, sem estar de acordo com a Lei nº 9.610/98. Se incorreções forem encontradas, serão de exclusiva responsabilidade de seus organizadores. Foi realizado o Depósito Legal na Fundação Biblioteca Nacional, de acordo com as Leis nos 10.994, de 14/12/2004, e 12.192, de 14/01/2010.

Catalogação na Fonte
Elaborado por: Josefina A. S. Guedes
Bibliotecária CRB 9/870

C794e 2024	Cordeiro, Ricardo Nazareno Barra Educação ambiental para surdos e ribeirinhos: avanços e conquistas em busca da inclusão / Ricardo Nazareno Barra Cordeiro, Cristina Maria da Silva Cordeiro. – 1. ed. – Curitiba: Appris, 2024. 74 p. ; 21 cm. – (Educação ambiental). Inclui referências. ISBN 978-65-250-5649-4 1. Meio ambiente. 2. Educação ambiental. 3. Surdos. 4. Comunicação. 5. Cidadania. I. Cordeiro, Cristina Maria da Silva. II. Título. III. Série.
	CDD – 363.7

Livro de acordo com a normalização técnica da ABNT

Appris
editora

Editora e Livraria Appris Ltda.
Av. Manoel Ribas, 2265 – Mercês
Curitiba/PR – CEP: 80810-002
Tel. (41) 3156 - 4731
www.editoraappris.com.br

Printed in Brazil
Impresso no Brasil

Ricardo Nazareno Barra Cordeiro
Cristina Maria da Silva Cordeiro

EDUCAÇÃO AMBIENTAL PARA SURDOS E RIBEIRINHOS
AVANÇOS E CONQUISTAS EM BUSCA DA INCLUSÃO

FICHA TÉCNICA

EDITORIAL	Augusto V. de A. Coelho
	Sara C. de Andrade Coelho
COMITÊ EDITORIAL	Marli Caetano
	Andréa Barbosa Gouveia - UFPR
	Edmeire C. Pereira - UFPR
	Iraneide da Silva - UFC
	Jacques de Lima Ferreira - UP
SUPERVISOR DA PRODUÇÃO	Renata Cristina Lopes Miccelli
PRODUÇÃO EDITORIAL	William Rodrigues
REVISÃO	Pâmela Isabel Oliveira
DIAGRAMAÇÃO	Renata Cristina Lopes Miccelli
CAPA	Eneo Lage
REVISÃO DE PROVA	William Rodrigues

COMITÊ CIENTÍFICO DA COLEÇÃO EDUCAÇÃO AMBIENTAL: FUNDAMENTOS, POLÍTICAS, PESQUISAS E PRÁTICAS

DIREÇÃO CIENTÍFICA Marília Andrade Torales Campos (UFPR)

CONSULTORES		
	Adriana Massaê Kataoka (Unicentro)	Jorge Sobral da Silva Maia (UENP)
	Ana Tereza Reis da Silva (UnB)	Josmaria Lopes Morais (UTFPR)
	Angelica Góis Morales (Unesp)	Maria Arlete Rosa (UTP)
	Carlos Frederico Bernardo Loureiro (UFRJ)	Maria Conceição Colaço (CEABN)
	Cristina Teixeira (UFPR)	Marília Freitas de C. Tozoni Reis (Unesp)
	Daniele Saheb (PUCPR)	Mauro Guimarães (UFRRJ)
	Gustavo Ferreira da Costa Lima (UFPB)	Michèle Sato (UFMT)
	Irene Carniatto (Unioeste)	Valéria Ghisloti Iared (UFPR)
	Isabel Cristina de Moura Carvalho (UFRGS)	Vanessa Marion Andreoli (UFPR)
	Ivo Dickmann (Unochapecó)	Vilmar Alves Pereira (FURG)

INTERNACIONAIS		
	Adolfo Angudez Rodriguez (UQAM) - CAN	Laurence Brière (UQAM) - CAN
	Edgar Gonzáles Gaudiano (UV) - MEX	Lucie Sauvé (UQAM) - CAN
	Germán Vargas Callejas (USC) - ESP	Miguel Ángel A. Ortega (UACM) - MEX
	Isabel Orellana (UQAM) - CAN	Pablo Angel Meira Cartea (USC) - ESP

DEDICATÓRIA PÓSTUMA

Dedicamos este livro à memória eterna do Prof. Dr. Rildo Ferreira da Costa, um profissional generoso e inspirador que iluminou nosso caminho acadêmico e nos guiou na jornada em direção à conclusão do nosso mestrado em Ciências Ambientais.

Sua dedicação incansável à educação e sua paixão pelo conhecimento foram verdadeiras fontes de inspiração para nós. O Prof. Dr. Rildo não apenas nos incentivou, mas também compartilhou conosco seu profundo entendimento e sabedoria, moldando nossa visão e perspectiva sobre o mundo ambiental.

Embora ele não esteja fisicamente presente para celebrar conosco este momento, sua influência perdura em cada página deste livro e em nossas vidas. Sua memória é um farol de luz que continuará a nos guiar em nossa busca pela compreensão e preservação do meio ambiente.

Com gratidão e respeito, dedicamos este trabalho ao Prof. Dr. Rildo Ferreira da Costa, cujo legado de conhecimento e inspiração viverá para sempre em nossos corações e em nossa jornada acadêmica.

DEDICATÓRIA

Ao,
Dr. Davi do Socorro Barros Brasil

Pela dedicação e inspiração, que guiou com sabedoria e paciência o desenvolvimento das dissertações de mestrado de Ricardo Nazareno Barra Cordeiro e Cristina Maria da Silva Cordeiro. Seu compromisso com a excelência e seu apoio incansável foram fundamentais para o sucesso desse projeto.

Esta obra, "Educação Ambiental para Surdos e Ribeirinhos: avanços e conquistas em busca da inclusão", é um testemunho do seu comprometimento com a formação de profissionais qualificados e engajados na promoção da educação ambiental inclusiva. Suas orientações sábias e sua orientação constante foram uma fonte de inspiração e aprendizado.

Que esta dedicatória sirva como um singelo reconhecimento de toda a sua dedicação e apoio ao longo deste caminho acadêmico. Que nossas colaborações continuem a florescer, impulsionando o avanço do conhecimento e da inclusão em nossa sociedade.

Com profunda gratidão e apreço,

Mestre Ricardo Cordeiro e Mestra Cristina Cordeiro

AGRADECIMENTO ESPECIAL

Queremos expressar nosso profundo agradecimento a Deus e ao Magnífico Prof. Dr. Reinaldo William de Almeida Gonçalves, reitor do Centro Universitário da Amazônia – Uniesamaz, por sua visão e apoio inestimável, que tornaram possível a realização de nossos sonhos acadêmicos.

Sob sua liderança e orientação, fomos agraciados com a oportunidade de buscar e concluir nosso mestrado em Ciências Ambientais pela renomada Universidade Federal do Pará – Ufpa. Sua dedicação à educação e ao desenvolvimento acadêmico é um farol que ilumina nosso percurso e nos inspira constantemente em nossas vidas.

Acreditando em nosso potencial e confiando em nossa capacidade, o Prof. Dr. Reinaldo William de Almeida Gonçalves abriu portas para que pudéssemos expandir nossos horizontes acadêmicos, explorar novos conhecimentos e contribuir de forma significativa para o campo das Ciências Ambientais.

Esta jornada de aprendizado e crescimento não teria sido possível sem seu apoio e encorajamento. Expressamos nossa sincera gratidão por sua generosidade e compromisso com a educação superior.

Que seu legado de liderança e comprometimento com a excelência acadêmica continue a inspirar gerações futuras de estudantes e pesquisadores.

Com profundo respeito e agradecimento,

Mestre Ricardo Cordeiro e Mestra Cristina Cordeiro

Tratem os outros da mesma forma que vocês gostariam de ser tratados.

(Mateus 7,12)

APRESENTAÇÃO

Em *Educação Ambiental para Surdos e Ribeirinhos: avanços e conquistas em busca da inclusão* convidamos os leitores a uma jornada transformadora por duas perspectivas cruciais da Educação Ambiental. Este livro explora a inclusão da comunidade Surda e a conscientização nas comunidades Ribeirinhas, unindo-se para abordar questões ambientais urgentes de maneira inspiradora e inovadora.

No primeiro texto, adentramos no universo da Educação Ambiental voltada para a comunidade Surda. Destacamos a relevância da Língua Brasileira de Sinais (Libras) como uma ponte fundamental para a transmissão do conhecimento socioambiental. Desmistificando equívocos linguísticos e culturais, enfatizando a identidade Surda e o respeito por ela.

No segundo texto, mergulhamos nas comunidades Ribeirinhas, onde a interdependência entre seres humanos e meio ambiente é palpável. Exploramos como a produção de brinquedos a partir dos resíduos sólidos se torna uma ferramenta poderosa de conscientização. A Educação Ambiental se manifesta na forma de jogos e brincadeiras, moldando cidadãos responsáveis e comprometidos com a preservação.

Este livro é uma homenagem póstuma ao saudoso Prof. Dr. Rildo Ferreira da Costa, cujo legado de conhecimento e inspiração se reflete em cada página. Agradecemos ao magnífico Prof. Dr. Reinaldo William de Almeida Gonçalves e reitor do Centro Universitário da Amazônia – Uniesamaz por tornar nossos sonhos acadêmicos realidade.

Nossa obra é uma celebração da diversidade e um chamado à ação. Convidamos você, amigo leitor, a se unir a nós na busca por um mundo mais inclusivo, consciente e sustentável. Que *Educação Ambiental para Surdos e Ribeirinhos: avanços e conquistas em busca da inclusão* inspire mudanças significativas em suas perspectivas e ações, contribuindo para um futuro melhor para todos e enaltecendo a dignidade da pessoa humana.

PREFÁCIO

Na contemporaneidade, a Educação Ambiental emerge como um elemento fundamental na construção de sociedades mais conscientes e responsáveis em relação ao meio ambiente. É um campo que transcende barreiras e desafia concepções preestabelecidas, e é nesse contexto que duas perspectivas singulares vêm à tona: a Educação Ambiental voltada para a comunidade SURDA e a Educação Ambiental nas comunidades Ribeirinhas.

O primeiro texto deste livro nos conduz por uma jornada na qual se destaca a importância da inclusão e da valorização da comunidade Surda no âmbito da Educação Ambiental. Aborda-se como a língua de sinais, em especial a Língua Brasileira de Sinais (Libras), é um elo crucial para a transmissão de conhecimento socioambiental aos Surdos. Mais do que uma questão linguística, este capítulo revela a necessidade de superar preconceitos e estereótipos, substituindo o uso equivocado do termo "surdo-mudo" pelo respeito à identidade Surda.

No segundo texto, adentramos nas comunidades Ribeirinhas, onde a relação entre o meio ambiente e a vida cotidiana é íntima e vital. Exploramos a ideia de que a Educação Ambiental pode ser uma ferramenta transformadora ao introduzir a conscientização e o respeito pelo meio ambiente por meio da produção de brinquedos a partir de materiais recicláveis. O respeito pelo ambiente natural, a compreensão da importância da sustentabilidade e a formação de cidadãos conscientes são pilares dessa abordagem.

Ambos os textos refletem a necessidade de ampliar os horizontes da Educação Ambiental, tornando-a inclusiva e acessível a todos, independentemente de suas condições linguísticas ou contextos geográficos. São perspectivas que nos instigam a repensar nossa relação com o mundo natural e com nossos semelhantes, abrindo caminhos para a construção de um futuro mais equitativo e sustentável.

Este livro, portanto, oferece uma visão multifacetada da Educação Ambiental, destacando a importância de considerar as diferentes realidades e desafios que enfrentamos. Ao explorar a relação entre a comunidade Surda e o meio ambiente, bem como a conexão entre as comunidades Ribeirinhas e a educação socioambiental, convidamos o leitor a refletir sobre como podemos construir um mundo mais consciente e harmonioso, no qual todos tenham a oportunidade de aprender, crescer e se comprometer com a preservação de nosso precioso planeta.

Os autores

LISTA DE ABREVIATURAS E SIGLAS

Cap – Conselho Arquidiocesano de Pastoral

Cesupa – Centro Universitário do Pará

Coees – Coordenadoria de Educação Especial

Edse – Escola Diaconal "Santo Efrém"

Facbel – Faculdade Católica de Belém

Libras – Língua Brasileira de Sinais

Orcid – Open Researcher and Contributor ID – Identificador digital único

Seduc – Secretaria de Educação do Estado do Pará

Uepa – Universidade do Estado do Pará

Ufpa – Universidade Federal do Pará

Uniesamaz – Centro Universitário da Amazônia

SUMÁRIO

PARTE I

EDUCAÇÃO AMBIENTAL E O SURDO: UMA PERSPECTIVA INCLUSIVA DO CONHECIMENTO SOCIOAMBIENTAL

1
INTRODUÇÃO 23

2
FUNDAMENTOS TEÓRICOS 27

2.1 Parâmetros Curriculares Nacionais, Base Nacional Comum Curricular, Educação Especial e a Educação de Surdos 27

2.2 Filosofias da Educação para Surdos 29

2.3 A inserção de Surdos no debate sobre Educação Ambiental 31

3
RESULTADOS DA PESQUISA 35

4
CONCLUSÃO 39

REFERÊNCIAS 41

PARTE II

OS RIBEIRINHOS E O MEIO AMBIENTE: CRIANÇAS APRENDENDO E BRINCANDO COM RESÍDUOS SÓLIDOS

1
INTRODUÇÃO 47

2
FUNDAMENTOS TEÓRICOS 49

2.1 O Projeto Macro da Secretaria Municipal de Educação de Barcarena –
Semed e o Projeto da Escola Municipal "Prefeito Laurival Cunha":
os Ribeirinhos e o pertencimento a uma comunidade tradicional 50

2.2 As brincadeiras e o meio ambiente 55

2.3 A inserção das crianças na construção de brinquedos e brincadeiras
e a Educação Ambiental 58

2.4 A Educação Ambiental e a ludicidade nas escolas 59

2.5 Produto técnico 61

3
RESULTADOS DA PSQUISA 67

4
CONCLUSÃO 69

REFERÊNCIAS 71

PARTE I

Educação Ambiental e o Surdo: uma perspectiva inclusiva do conhecimento socioambiental

INTRODUÇÃO

A comunicação é uma das mais antigas condições de se relacionar, mas também um gerador dos principais problemas de convivência. E a sociedade nesse contexto comunicacional se revela, infelizmente, com um desconhecimento ou desinformação sobre a cultura e os artefatos da comunidade Surda, apesar de os meios de comunicação terem evoluído e o acesso à informação ser muito mais facilitado atualmente do que há 50 anos, e um exemplo típico é a terminologia "surdo-mudo", que por muitas décadas se ouviu e hoje se tornou obsoleta, pois não podemos chamar de surdo-mudo, porque os Surdos não possuem nenhum problema em seu aparelho fonador, tanto é que eles conseguem emitir sons e são plenamente capazes de oralizar.

Existe um equívoco em relação aos termos "deficiente auditivo (D.A.)" e "Surdo". Segundo Gesser (2009), ainda existe uma tendência de ver a pessoa Surda pela perspectiva da patologia da "fala", e isso faz com que as pessoas acabem utilizando a expressão "deficiente auditivo". Os Surdos não aceitam essa terminologia, pois esse termo (deficiente auditivo) é usado para se referir a uma pessoa que tem perda leve ou moderada da audição. É imprescindível destacar que o artigo segundo do Decreto n.º 5.626, de 2005 (BRASIL, 2005, s/p), que regulamenta a Lei n.º 10.436, de 2002, diz que "é considerada surda a pessoa que, por ter perda auditiva, compreende e interage com o mundo por meio de experiências visuais". Quanto à Lei n.º 10.436/2002, entende-se como Língua Brasileira de Sinais – Libras

> [...] a forma de comunicação e expressão, em que o sistema linguístico de natureza visual motora, com estrutura gramatical própria, constitui um sistema linguístico de transmissão de ideias e fatos, oriun-

dos de comunidades de pessoas surdas do Brasil (BRASIL, 2002a, s/p).

Encontramos barreiras comunicacionais entre ouvintes e Surdos, e, no que tange à Educação Ambiental (EA), essa implicação do conhecimento se enquadra em avaliar a percepção ambiental de Surdos em uma visão correspondente aos moldes de aplicação de métodos visoespaciais de transmissão de conteúdo preestabelecido e coincide com o pensamento de que "as respectivas visões de acordo com as categorias pré-estabelecidas e propiciar a reflexão dos Surdos acerca do meio ambiente" (SAUVÉ, 2005, p. 317).

Pretende-se mostrar neste livro a importância da Libras para absorver o conteúdo ambiental com proposta que promova um desenvolvimento do intelecto e individual do Surdo. A inclusão ambiental deve ser iniciada na família, na escola e na sociedade em geral; porém, para que haja uma completa difusão dessa prática ambiental, será necessária a aquiescência familiar.

A aquisição da Língua Brasileira de Sinais – Libras como primeira língua para o Surdo é de imperiosa grandeza, pois os pesquisadores Quadros (1997), Sanchez (1991), Skliar (2005), Behares, Massone e Curiel (1990), Felipe (1989), Fernandes (2005), Brito (1993) e Jokinen (1999) afirmam que, com a aquisição da Libras como primeira língua, a criança Surda terá mais facilidade para aprender a língua oficial do país a que pertence, isto é, Bilinguismo é a prática que acelera o desenvolvimento e a aprendizagem da criança Surda se comparada com práticas tradicionais. Resumindo, é a capacidade de considerar a linguagem como objeto de reflexão, manejando forma e função, facilitando toda aprendizagem linguística que conduz a melhores desempenhos escolares e cognitivos.

A Educação Ambiental é uma área de conhecimento que busca promover a conscientização e ações em prol do meio ambiente. No entanto é importante ressaltar que muitas pessoas com deficiência, em especial as pessoas Surdas, têm dificuldades em acessar informações sobre essa temática. Infelizmente, ainda é escassa a literatura especializada em Educação Ambiental voltada para esse público, o que pode limitar a sua participação e contribuição para a preservação do meio ambiente. Nesse sentido, esta obra apresenta como proposta a criação de um material didático ilustrado, a revista digital *Meio Ambiente Inclusivo*, como forma de preencher essa lacuna e possibilitar uma Educação Ambiental inclusiva e acessível para pessoas Surdas. Esse produto técnico é resultado de um trabalho desenvolvido no Programa de Pós-Graduação em Ciências Ambientais da Universidade Federal do Pará (PPCMA/UFPA) e tem como objetivo contribuir para uma perspectiva inclusiva do conhecimento socioambiental.

Este livro possui grande relevância social por tratar de um tema que não possui uma recorrência nas academias, mesmo nas licenciaturas vinculadas ao assunto proposto. A obra é de natureza bibliográfica, de caráter descritivo, qualitativa.

A Educação Ambiental é uma disciplina crucial na conscientização e mobilização da sociedade em relação aos desafios ambientais que enfrentamos. No entanto a comunidade Surda muitas vezes é negligenciada nesse contexto, devido a barreiras de comunicação e à falta de recursos adaptados. Este livro tem como objetivo explorar a importância da Educação Ambiental para a comunidade Surda e destacar a necessidade de inclusão e acessibilidade.

A Lei Brasileira de Inclusão – Lei n.º 13.146/2015 – (BRASIL, 2015) define como Surda a pessoa que, devido à perda auditiva, compreende e interage com o mundo por meio de experiências visuais. É importante não apenas reconhecer essa definição legal, mas também entender que os Surdos possuem uma identidade cultural única e uma língua própria, a Língua Brasileira de Sinais (Libras).

A Libras desempenha um papel fundamental na vida dos Surdos. É uma língua visual-motora com gramática própria que permite uma comunidade eficaz. A aquisição da Libras como primeira língua é essencial para o desenvolvimento linguístico e cognitivo das crianças Surdas. Estudos mostram que o Bilinguismo, que combina a Libras e a língua oficial do país, acelera a aprendizagem e melhora o desempenho acadêmico dos Surdos.

A Educação Ambiental ainda não atende adequadamente às necessidades da comunidade Surda. Barreiras de comunicação entre

Surdos e ouvintes são comuns, o que limita o acesso a informações ambientais. A ausência de materiais e recursos adaptados também é uma questão crítica.

Para enfrentar esses desafios, este livro propõe a criação da revista digital *Meio Ambiente Inclusivo*. Esse recurso seria um material didático ilustrado, desenvolvido para ser acessível aos Surdos, fornecendo informações sobre questões ambientais de forma clara e envolvente. Isso não apenas capacita os Surdos a se envolverem mais profundamente na preservação do meio ambiente, mas também promove uma Educação Ambiental inclusiva e acessível.

A Educação Ambiental deve ser inclusiva e acessível a todas as comunidades, incluindo a comunidade Surda. A conscientização sobre a importância da Libras e o desenvolvimento de recursos adaptados são passos essenciais nessa direção. A revista digital *Meio Ambiente Inclusivo* é uma iniciativa promissora para promover uma compreensão mais profunda das questões ambientais entre os Surdos e capacitar essa comunidade a se tornar parte ativa na preservação do nosso planeta. É hora de quebrar as barreiras e garantir que todos tenham a oportunidade de contribuir para um futuro ambientalmente sustentável.

Este livro visa avaliar o impacto da Educação Ambiental na vida das pessoas Surdas, com destaque para a relevância da Língua Brasileira de Sinais (Libras) como meio de acesso ao conhecimento socioambiental. A obra almeja contribuir para uma Educação Ambiental mais inclusiva e eficaz, adaptada às necessidades específicas da comunidade Surda.

2

FUNDAMENTOS TEÓRICOS

2.1 Parâmetros Curriculares Nacionais, Base Nacional Comum Curricular, Educação Especial e a Educação de Surdos

Os Parâmetros Curriculares Nacionais – PCN têm o objetivo de auxiliar na execução do trabalho do professor em sala de aula, compartilhando esforços diários de fazer com que as crianças dominem os conhecimentos de que necessitam para crescerem como cidadãos plenamente reconhecidos e conscientes de seu papel em nossa sociedade (BRASIL, 1997, p. 8).

Na concepção de cidadão retratada pelos PCNs, incluímos o Surdo, para exercer sua cidadania, e que seja plena e reconhecida, estando consciente de seu papel inserido na sociedade, pois, de acordo com o tema abordado, todos têm a prerrogativa de enfrentar o mundo atual como cidadãos participativos, reflexivos e autônomos, conhecedores de seus direitos e deveres. O Surdo percebe-se integrante, dependente e agente transformador do ambiente, identificando seus elementos e as interações entre eles, contribuindo de maneira ativa para a melhoria e sustentabilidade do meio ambiente (BRASIL, 1997, p. 20).

Quanto à transmissão do conteúdo inerente à condição do Surdo, o PCN objetiva utilizar as diferentes linguagens — verbais, não verbais (sinais), expressões faciais e corporais, gráfica, plástica e matemática — como meios para produzir, expressar e comunicar suas ideias, interpretar e usufruir das produções culturais, em contextos públicos e privados, atendendo a diferentes interações, seja do público ouvinte ou Surdo com situações adaptadas às suas especificidades comunicacionais (BRASIL, 1997, p. 22).

A Base Nacional Comum Curricular (BNCC) está prevista na Lei de Diretrizes e Bases da Educação Nacional (LDB), Lei n.º 9.394, de 20 de dezembro de 1996, que estabelece as diretrizes e bases da educação nacional, e na Lei n.º 13.005, de 25 de junho de 2004, que aprova o Plano Nacional da Educação (PNE) e dá outras providências. Os currículos de todas as redes públicas e particulares devem ter a BNCC como referencial (BRASIL, 1996).

O pacto interfederativo e a implantação da BNCC têm como princípios básicos a igualdade, a diversidade e a equidade, e esse último possui um foco bem transparente em relação ao compromisso de reverter a situação de exclusão histórica que marginaliza grupos — como povos indígenas originários e as populações das comunidades remanescentes de quilombos e demais afrodescendentes — e as pessoas que não puderam estudar ou completar sua escolaridade na idade própria. Igualmente, requer o compromisso com os alunos com deficiência, reconhecendo a necessidade de práticas pedagógicas inclusivas e de diferenciação curricular (BNCC, 2018).

Em defesa dessa diferenciação curricular para educação de Surdos, surgiram os Temas Contemporâneos Transversais (TCTs) na BNCC, que são adaptações curriculares ensinados em sala de aula, conquanto os temas sejam de interesse dos estudantes e de relevância para seu desenvolvimento como cidadão. Os TCTs ajudam no aprendizado sobre as temáticas que são imprescindíveis para sua atuação na sociedade. Assim, a expectativa é que os TCTs auxiliem os estudantes na compreensão da realidade social que os rodea, assim como a financeira, a ambiental, a tecnológica digital e demais assuntos que conferem aos TCTs o atributo da contemporaneidade (BRASIL, 2022, p. 10).

Os atributos da transversalidade perpassam pela interdisciplinaridade, e o grande desafio são as escolhas dos temas a serem abordados em sala de aula, pois são diversas possibilidades devido haver áreas de conhecimentos imbicadas nesse contexto. Esses temas propostos devem coadunar com a necessidade da sociedade contemporânea a partir das vivências nas comunidades, passando pelas famílias, pelos alunos e pelos profissionais da educação no cotidiano escolar. Na educação brasileira, inicialmente foram recomendados temas oriundos da contemporaneidade nos PCNs, em 1996, cujo objetivo era acompanhar a reestruturação do sistema de ensino. Esses parâmetros representaram uma primeira concentração de esforços com o intuito de implantar oficialmente os Temas Transversais no currículo da Educação Básica, com um olhar nos alunos para o aprimoramento da capacidade de discernir, compreender e manejar o mundo (BRASIL, 2022, p. 12).

Nesse contexto, os Temas Transversais em suas bases curriculares ficaram fragilizados em decorrência da facultabilidade dos entes federados para incluir ou não esses temas mencionados. Todavia é importante ressaltar a grande importância desses temas, pois existe uma agenda da política educacional que garante o êxito na utilização desses temas; e posteriormente com o advento da BNCC vieram novamente à baila as discussões relacionadas ao uso desses temas, e foi proposto o redirecionamento para sua aplicabilidade educacional.

2.2 Filosofias da Educação para Surdos

A educação de Surdos foi sempre determinada pelos ouvintes e a comunidade dos Surdos e quase nunca foi ouvida e respeitada em relação a que tipo de filosofia seria mais adequada. Tanto é que houve diversas filosofias que não foram suficientes para desenvolver e implementar uma melhor adaptação educacional para o Surdo. Iniciou com o Oralismo, passando pela Comunicação Total e chegando ao Bilinguismo.

O Oralismo, segundo Quadros (1997), foi adotada durante muito séculos como a educação mais acertada para o Surdo, e essa filosofia trouxe um atraso na cognição e desenvolvimento do Surdo, sendo uma filosofia de modelo clinico-terapêutico com o intuito de buscar a cura para os "defeitos" particulares de cada deficiência — no caso dos Surdos, a utilização de aparelhos auditivos e do Oralismo. Essa proposta tem a prerrogativa de recuperação dos Surdos. Comungando com Quadros (1997) e Fernandes (2005, p. 47), "O modelo clínico-

-terapêutico caracteriza-se pela hegemonia da área sobre a pedagógica nas medidas utilizadas para o 'tratamento' da deficiência, reduzindo o complexo fenômeno a causas orgânicas funcionais", ou seja, o Oralismo tem objetivo de fazer o Surdo ouvir, e uma das características do Surdo é sinalizar para se comunicar.

Depois do Oralismo, apareceu a Comunicação Total, que era definida como todos os recursos de comunicação independentemente da maneira como seria transmitida — por gestos, mímicas, oralização e Libras. Lacerda e Lodi (2009, p. 89) concluíram em suas pesquisas que o processo de aquisição de linguagem em crianças Surdas se contempla da mesma forma em crianças ouvintes: "o que irá determinar o desenvolvimento são as relações que elas estabelecem com interlocutores usuários da língua".

E concluindo as filosofias de educação de Surdos, temos o Bilinguismo. Percebe-se que definir Bilinguismo depende de várias questões de ordem política, social e cultural e é caracterizado pelo uso que as pessoas fazem de diferentes línguas em diferentes contextos sociais (LODI; MÉLO; FERNANDES, 2021, p. 189).

Vygotsky (1934) pontua que o significado das palavras é um fenômeno do pensamento apenas na medida em que o pensamento ganha corpo por meio da fala e só é um fenômeno da fala na medida em que esta é ligada ao pensamento, sendo iluminada por ele. Esse complexo sistema que envolve linguagem e pensamento revela o quão ineficaz se torna o constante passo a passo na direção de "fazer uma criança Surda falar" em vez de propiciar a ela um meio rápido de comunicação linguística por meio da aquisição da língua de sinais como primeira língua, que proteja e cumpra o papel fundamental de resguardar o seu natural desenvolvimento no que se refere a ter o domínio, de fato, de um instrumental linguístico que lhe sirva para as operações mentais que envolvem mecanismos linguísticos (LODI; MÉLO; FERNANDES, 2021, p. 217).

O movimento para que o Surdo esteja em uma escola da rede regular de ensino tem sido uma questão recorrente na Educação Especial de Surdo e na abordagem não somente em nível educacional, porém também clínico-terapêutico, rechaçando de maneira discriminatória as pessoas com deficiência auditiva e à temática sociocultural que envolve a surdez. Não obstante, a comunidade Surda compreende que a surdez é apenas uma diferença de cultura em detrimento dos ouvintes e que possui artefatos e especificidade própria, como a língua gestual-visual, e que o Surdo tem uma forma diferente de aprender e de entender o mundo ao seu redor; e que é diferente da maneira como o ouvinte percebe o mundo. Kyle (1999) defende a educação bilíngue para toda criança Surda. Para o autor, o desenvolvimento escolar dos Surdos acontecerá de forma eficiente se a língua de sinais, que no Brasil é a Libras, for aceita como primeira língua, ou seja, língua natural, ou ainda língua materna, ou também língua de instrução; que na filosofia da Educação dos Surdos é a melhor escolha para sua cognição, intelectualidade e desenvolvimento comunicacional. E em contraponto temos a língua falada oralmente no país, que no Brasil é o Português, ensinada ao Surdo como segunda língua na modalidade escrita e, caso o aluno queira, na modalidade oral (JOKINEN, 1999).

A questão ambiental vem sendo considerada urgente e importante para a sociedade, porque o futuro da humanidade perpassa pela relação estabelecida entre a natureza e o uso pelo homem dos recursos naturais disponíveis. Cabe ressaltar que a escola é o ambiente que tem sido desenvolvido em torno dessa questão por educadores do todo país. Por essas razões, o tema Meio Ambiente como tema transversal dos currículos escolares permeia toda a prática educacional (BRASIL, 1997, p. 15).

2.3 A inserção de Surdos no debate sobre Educação Ambiental

A comunidade Surda enfrenta barreiras comunicacionais significativas, resultantes da falta de compreensão e respeito pela sua cultura e língua. É fundamental reconhecer que ser Surdo não implica uma deficiência da fala, como erroneamente sugerido pelo termo "surdo-mudo". Segundo o Decreto n.º 5.626/2005 (BRASIL,

2005), considera-se Surda a pessoa que compreende e interage com o mundo por meio de experiências visuais, destacando a importância da Libras como sistema linguístico próprio.

No entanto a falta de conhecimento sobre a cultura Surda persiste em diversos níveis da sociedade, resultando em preconceitos e desafios para os Surdos. Essas barreiras afetam não apenas a vida cotidiana, mas também a participação da comunidade Surda em contextos educacionais e de conscientização ambiental.

A globalização e a sociedade de consumo vêm assolando grandemente com ritmo acelerado as populações do século 21, pois estão vivendo como se não existisse o amanhã, evidenciando uma relação devastadora do meio ambiente pela ação do próprio homem. É nesse contexto que a Educação Ambiental (EA) entra na vida das pessoas, buscando harmonia com o meio ambiente e formando cidadãos mais conscientes para preservação e sustentabilidade da natureza. A EA é "processo permanente no qual os indivíduos e a comunidade tomam consciência do seu meio ambiente e adquirem novos conhecimentos, valores, habilidades, experiências e determinação que os tornam aptos a agir e resolver problemas ambientais, presentes e futuros" (DIAS, 2004, p. 523).

No Brasil foi criada a Lei n.º 9.795, de 27 de abril de 1999, que institui a Política Nacional de Educação Ambiental, regulamentada pelo Decreto n.º 4.281/2002, e de acordo com seu artigo 1.º, a EA é:

> [...] os processos por meio dos quais o indivíduo e a coletividade constroem valores sociais, conhecimentos, habilidades, atitudes e competências voltadas para a conservação do meio ambiente, bem de uso comum do povo, essencial à sadia qualidade de vida e sua sustentabilidade (BRASIL, 1999, s/p).

Os cidadãos, em sua totalidade, são convidados a participar de ações voltadas à conservação do planeta, incluindo a comunidade de Surdos, e a primeira Conferência Mundial sobre o meio ambiente questionou "a relação da conservação do planeta e como educar o cidadão para solucionar problemas" (REIGOTA, 1994, p. 15). A comunidade

Surda está envolta a essa realidade e torna-se necessária a sua participação ativa, para exercer sua ação contribuindo para que os recursos naturais não se exaurem, e se agregando a esse movimento possam também sugerir novas maneiras, com ideias e estratégias para controlar os impactos ambientais causados pela humanidade sobre o planeta.

É justamente essa problemática que determina a participação efetiva de toda comunidade Surda, pois a Educação Ambiental visa desenvolver uma filosofia de ética, moral e respeito à natureza e aos homens. É uma importante ferramenta que mobiliza a comunidade para mudanças de hábitos. Conforme determina a Lei n.º 9.795/1999 (BRASIL, 1999), que estabelece a difusão da Educação Ambiental por intermédio de instituições educativas em todos os níveis e modalidades de ensino, pelos meios de comunicação de massa, de programas e campanhas educativas, e pela participação de organizações não governamentais na formação e execução de programas e atividades vinculadas a área.

Após análise em autores da área como Quadros (1997) e Skliar (2005), foi constatado que é necessária uma mudança na língua em que os conhecimentos ambientais sejam passados para os Surdos, porque os meios de socialização não estão sendo adequados para que os Surdos possam perceber o tema com maior clareza e tenham um discernimento para ser agentes ambientais ativos. Portanto, a proposta é adaptar o tema "meio ambiente" à proposta bilingue e estabelecer uma ligação mais próxima à língua naturaldo Surdo. A Lei n.º 10.436/2002 foi criada para amparar o Surdo em sua acessibilidade comunicacional, pois sabemos que essa lei é a política pública mais importante para comunidade Surda, concedendo subsídios e reconhecendo linguisticamente a Libras como a língua oficial do Surdo, por tratar-se de língua de instrução, de aplicabilidade na melhoria no campo educacional e também na Educação Ambiental.

Velasco (1999) comenta que a EA deve ressaltar a concepção socioambiental, contribuindo para a formação do senso crítico do indivíduo, e Sauvé (2005) confirma ao destacar que a EA colabora para o desenvolvimento social do sujeito para que haja a promoção do desenvolvimento sustentável. Dessa forma, Reigota (1994) entende que a EA leva em conta valores sociais, políticos, culturais e econômicos acerca da relação homem-natureza.

Em Fernandes e Covre (2021, p. 328) citam algumas estratégias para a inclusão de Surdos na Educação Ambiental, e na pesquisa realizada neste livro obtiveram-se alguns dados relevantes para nosso estudo, que trouxeram à baila algumas constatações importantes, como:

> [...] a falta da difusão da Língua Brasileira de Sinais – Libras prejudicou de maneira frontal o resultado da pesquisa, pois a ligação desse tema está relacionada a termos da biologia, onde o Surdo não possui domínio e não está familiarizado com as terminologias específicas da ciência, devido a especificidade das palavras, a comunidade surda não possui sinais criados para esses termos quesão intrínsecos a biologia (FERNANDES; COVRE, 2021, p. 328).

Mesmo com toda a dificuldade encontrada na pesquisa, foi de grande valia, pois revelou que, com adaptações para o ensino e aprendizagem do Surdo, a EA é importante por colaborar para as mudanças de valores e atitudes. Com dados levantados na pesquisa de Fernandes e Covre (2021), obtive-se uma clara percepção de que os Surdos são intensamente ligados à natureza e entendem os motivos para a preservação dela. A reflexão acerca da EA foi fomentada também na pesquisa, de maneira que os participantes já detinham certos conhecimentos sobre a tema Meio Ambiente.

Na pesquisa mencionada, foi sugerido pelos Surdos participantes que fosse criado um aplicativo interativo para facilitar o aprendizado em áreas de proteção ambiental. Esse método traria explicações em Libras acerca do objeto detectado através da câmera do celular. Sendo assim, a EA e a inclusão seriam efetivadas do entendimento facilitado pela tecnologia.

RESULTADOS DA PESQUISA

Os resultados da pesquisa podem ser organizados em tópicos, como segue:

- Marco histórico e filosófico da educação para os Surdos: o estudo evidenciou a evolução da educação para as pessoas Surdas, destacando as diferentes abordagens metodológicas que foram utilizadas ao longo do tempo, como o Oralismo, a Comunicação Total e o Bilinguismo, sendo esse último o mais adaptável e aceito pela comunidade Surda para realizar a Educação dos Surdos, ou seja, foi possível observar que o Bilinguismo é atualmente mais conciso e também defendido pela comunidade Surda e pelos pesquisadores da área, o mais voltado à realidade deles;

- Parâmetros Curriculares Nacionais: a pesquisa abordou os PCNs para a Educação Básica e a Educação Especial, destacando a importância desse instrumento de inclusão escolar e da valorização da diversidade cultural e linguística dos alunos Surdos, que compreende a utilização da Libras como forma mais correta de inserção do Surdo na sociedade;

- Educação especial dos Surdos conforme a BNCC: o estudo analisou a Base Nacional Comum Curricular e a sua relação com a Educação Especial e a Educação dos Surdos, destacando a importância da inclusão e do respeito às diferenças, bem como a necessidade de garantir uma formação integral e inclusiva para todos os alunos;

- Inserção de Surdos no debate sobre a Educação Ambiental: a pesquisa evidenciou a importância da inclusão dos Surdos nas discussões sobre a Educação Ambiental, destacando a necessidade de promover uma abordagem inclusiva, que considere a diversidade cultural e linguística dos indivíduos e que permita a participação ativa da comunidade Surda em ações socioambientais;

- Os métodos e materiais para a construção da revista digital: o estudo descreveu os métodos e materiais utilizados para a construção da revista digital *Meio Ambiente Inclusivo*, destacando a importância da utilização da Língua Brasileira de Sinais (Libras) e de recursos visuais, imagéticos e multimodais para a comunicação com as pessoas Surdas;

- Os resultados conclusivos com a criação da revista *Meio Ambiente Inclusivo*, inserindo o Surdo no contexto ambiental: como resultado da pesquisa, foi criada a revista digital, que visa promover uma abordagem inclusiva da Educação Ambiental, valorizando a diversidade cultural e linguística dos indivíduos Surdos e garantindo a participação ativa da comunidade Surda em ações socioambientais.

O trabalho realizado abordou diversos aspectos relacionados à educação para os Surdos, com um enfoque específico na perspectiva inclusiva do conhecimento socioambiental. Com base nos autores referenciados, é possível fazer uma discussão mais aprofundada dos resultados obtidos.

No marco histórico e filosófico da educação para os Surdos, destacou-se a evolução da educação de Surdos, com diferentes abordagens metodológicas ao longo do tempo. Autores como Brito (1993) e Jokinen (1999) têm contribuído para a compreensão das questões relacionadas à educação de Surdos, especialmente no que diz respeito ao Bilinguismo como abordagem mais adaptável e aceita pela comunidade Surda. A abordagem bilíngue valoriza o uso da Língua

Brasileira de Sinais (Libras) e reconhece a importância da identidade linguística e cultural dos Surdos.

No contexto dos Parâmetros Curriculares Nacionais (PCN) e da Base Nacional Comum Curricular (BNCC), autores como Lacerda e Lodi (2009) e Lodi, Mélo e Fernandes (2021) enfatizam a importância da inclusão escolar e da valorização da diversidade linguísitica dos alunos surdos. A pesquisa demonstrou a relevância desses instrumentos para a educação inclusiva dos Surdos, especialmente ao reconhecer a Libras como uma forma adequada de inserção do Surdo na sociedade e promover uma formação integral e inclusiva para todos os alunos.

No contexto da educação ambiental, autores como Dias (2004), Reigota (1994), Velasco (1999) e Sauvé (2005) trazem contribuições sobre os princípios e práticas da Educação Ambiental. A pesquisa ressaltou a importância da inclusão dos Surdos nas discussões sobre a Educação Ambiental, reconhecendo a necessidade de uma abordagem inclusiva que considere a diversidade linguísitica e cultural dos indivíduos Surdos e permita sua participação ativa em ações socioambientais.

A construção da revista digital *Meio Ambiente Inclusivo* foi embasada nos métodos e materiais descritos no estudo. Autores como Gesser (2009) e Sanchez (1991) têm discutido a importância da Libras como língua de sinais e abordado questões relacionadas ao Bilinguismo na Educação dos Surdos. A pesquisa mostrou a importância da utilização da Libras e de recursos visuais, imagéticos e multimodais para a comunicação com as pessoas Surdas na construção de revista, visando promover uma abordagem inclusiva da Educação Ambiental.

No resultado conclusivo, destaca-se a criação da revista digital *Meio Ambiente Inclusivo*, que busca valorizar a diversidade cultural e linguísitica dos indivíduos surdos, promovendo sua participação ativa em ações socioambientais. Autores como Fernandes e Covre (2021) têm abordado a perspectiva da Educação Ambiental para surdos, ressaltando a importância de considerar a realidade dos Surdos em ações educativas e de conscientização ambiental.

Em resumo, a pesquisa realizada abrangeu diferentes aspectos relacionados à educação para Surdos e à Educação Ambiental, buscando uma perspectiva inclusiva e valorizando a diversidade linguística e cultural dos Surdos. Os resultados obtidos corroboram os estudos de diversos autores, mostrando a importância do Bilinguismo, especialmente o uso da Libras, como uma abordagem mais adequada e aceita pela comunidade Surda.

Além disso, os resultados também reforçam a relevância dos instrumentos educacionais, como os Parâmetros Curriculares Nacionais e a Base Nacional Comum Curricular, na promoção da inclusão escolar e no reconhecimento da diversidade dos alunos surdos. Esses instrumentos destacam a importância de uma formação integral e inclusiva, valorizando a língua de sinais como uma forma de inserção social dos Surdos.

No contexto da Educação Ambiental, a pesquisa enfatizou a importância da inclusão dos Surdos nas discussões e ações socioambientais, reconhecendo a diversidade cultural e linguística desse grupo. Autores como Dias, Reigota, Velasco e Sauvé têm contribuído para o entendimento dos princípios e práticas da Educação Ambiental, e os resultados da pesquisa contribuem com a necessidade de uma abordagem inclusiva que considere as particularidades dos Surdos.

No geral, os resultados obtidos na pesquisa foram relevantes para as abordagens de diferentes autores e contribuem para o avanço da educação inclusiva dos Surdos e da Educação Ambiental. A valorização da Libras, a promoção do Bilinguismo e a inclusão dos Surdos nas discussões e ações socioambientais são aspectos fundamentais para garantir uma educação mais igualitária e acessível, respeitando a cultura Surda e permitindo sua participação na sociedade de forma plena.

4

CONCLUSÃO

Concluímos que esta pesquisa alcançou os efeitos propostos da Educação Ambiental e que pode contemplar e alcançar a vida do indivíduo Surdo, com proposta consciente e adaptável à vida e ao dia a dia em relação a esse agente ambiental e o próprio meio ambiente. No decorrer da pesquisa, foram encontradas dificuldades de ordem comunicacional e perante a contextualização da aprendizagem socioambiental, respaldando a condição da pessoa com deficiência auditiva e o Surdo especificamente, com mecanismosestruturantes envolvendo a comunidade Surda em dimensão de uma proposta ambiental inclusiva.

Com base nos resultados inerentes à coleta de dados bibliográficos, foram constatadas algumas evidências concernentes à Educação Ambiental para Surdos. É imperioso que a Educação Ambiental seja uma adaptação aos moldes visoespaciais, que é um modalidade de aprendizagem própria do Surdo, por tratar-se de característica específica desse indivíduo. Como exemplo, o tema "preservação do meio ambiente" poderá ser apresentado em forma de figuras, imagens e tirinhas bem curtas e, é claro, como datilologia e sinais que representam cada termo, e se faz necessária também a criação de aplicativo iterativo vinculado à Libras, que facilitaria o aprendizado do Surdo, ou seja, esse método tecnológico seria de grande valia na EA inclusiva do indivíduo Surdo.

O Surdo tem interesse pela natureza e sua preservação, a pesquisa revelou, e a inclusão dessa comunidade minoritária passa pela participação efetiva com políticas públicas mais assertivas; e, além da inclusão deles nos debates oriundos das questões ecológicas e sustentabilidade, que a sociedade esteja sempre convocando para discussão. A EA é de extrema importância para toda a comunidade Surda, pois é a voz deles que precisamos ouvir por meio das suas mãos, e com essa atitude realizaremos uma autêntica inclusão ambiental.

Os resultados alcançados pela pesquisa foram significativos, pois permitiram a criação de um material didático de qualidade que possibilita a inclusão da pessoa Surda no contexto ambiental. A revista digital *Meio Ambiente Inclusivo* traz informações relevantes sobre temas relacionados ao meio ambiente e oferece recursos visuais e linguísticos que são acessíveis à comunidade Surda, contribuindo assim para a promoção da inclusão e da equidade. A importância da revista digital para a comunidade Surda reside no fato de que ela representa uma ferramenta valiosa para a promoção da Educação Ambiental de forma inclusiva, garantindo o acesso aos conhecimentos socioambientais e contribuindo para a construção de uma sociedade mais justa e igualitária.

Em síntese, a pesquisa e a criação da revista digital representam um importante avanço na área da Educação Ambiental Inclusiva, contribuindo para a superação das barreiras comunicacionais e para a promoção da inclusão da pessoa Surda no contexto ambiental. É preciso que sejam desenvolvidas novas iniciativas desse tipo, que visem à inclusão de todos os grupos sociais nos debates sobre o meio ambiente.

Espera-se desta pesquisa oferecer ao leitor informações básicas sobre os aspectos teóricos e práticos da educação ambiental inclusiva para o Surdo, proporcionando aos profissionais das áreas de Saúde, Meio Ambiente e Educação ferramentas úteis para a elaboração de programas de intervenção e adaptação de conteúdos programáticos para esses fins. Portanto, apresentar novas possibilidades de inclusão e também abrir os horizontes e perspectivas para o Surdo para ser inserido na seara da sustentabilidade, deixando este ensaio aberto às críticas e provocações para novas pesquisas concernentes à temática em proposição.

REFERÊNCIAS

BEHARES, L. E.; MASSONE, M. I.; CURIEL, M. El discurso pedagógico de la educación del sordo. Construcciones de saber y relaciones de poder. **Cuadernos de Investigación del Instituto de Ciencias de la Educación**, Buenos Aires, v. 6, p. 41-68, 1990.

BRASIL. Decreto nº 5.626, de 22 de dezembro de 2005. Regulamenta a Lei nº 10.436, de 24 de abril de 2002, que dispõe sobre a Língua Brasileira de Sinais – Libras. **Diário Oficial da União**: seção 2, Brasília, 2005.

BRASIL. Lei nº 9.394, de 20 de dezembro de 1996, que estabelece as diretrizes e bases da educação nacional. **Diário Oficial da União**: seção 2, Brasília, 996.

BRASIL. Lei 9.795, de 27 de abril de 1999. Institui a Política Nacional de Educação Ambiental. **Diário Oficial da União**: seção 2, Brasília, 1999.

BRASIL. Lei nº 10.436, de 24 de abril de 2002. Dispõe sobre a Língua Brasileira de Sinais – Libras e dá outras providências. **Diário Oficial da União**: seção 2, Brasília, 2002a.

BRASIL. Lei nº 13.146, de 06 de julho de 2015. Institui a Lei Brasileira de Inclusão da Pessoa com Deficiência (Estatuto da Pessoa com Deficiência). **Diário Oficial da União**: seção 2, Brasília, 2015.

BRASIL. Ministério da Educação. **Caderno Meio Ambiente**: Educação ambiental: educação para o consumo. Curadoria de Maria Luciana da Silva Nóbrega. Brasília, DF: Secretaria de Educação Básica do Ministério da Educação/Base Nacional Comum Curricular (BNCC), 2022. *E-book*. (Série temas contemporâneos transversais).

BRASIL. Secretaria de Educação Fundamental. **Parâmetros curriculares nacionais**: meio ambiente, saúde. Brasília: Secretaria de Educação Fundamental, 1997. v. 9.

BRITO, L. F. **Integração social e educação especial de Surdos**. Rio de Janeiro: Babel, 1993.

DIAS, G. F. **Educação ambiental**: princípios e práticas. 9. ed. São Paulo: Gaia, 2004.

FELIPE, T. A. **Bilinguismo e surdez**: trabalhos de linguística aplicada. Campinas: Ed. Unicamp, 1989. v. 14, p. 58-63.

FERNANDES, E. (org.). **Surdez e bilinguismo**. Porto Alegre: Mediação, 2005.

FERNANDES, I. S.; COVRE, M. A. **O Surdo e a perspectiva da educação ambiental**. São Paulo: Ed Científica Digital, 2021.

GESSER, Audrei. **LIBRAS? Que língua é essa? Crenças e preconceitos em torno da Língua de Sinais e da realidade surda**. São Paulo: Editora Parábola, 2009.

JOKINEN, M. Alguns pontos de vista sobre a educação dos surdos nos países nórdicos. *In*: SKLIAR, C. (org.). **Atualidade da educação bilíngue para Surdos**: processos e projetos pedagógicos. Porto Alegre: Mediação, 1999. v. 1, p. 105-127.

KYLE, J. O ambiente bilíngue: alguns comentários sobre o desenvolvimento do bilinguismo para os surdos. *In*: SKLIAR, C. (org.). **Atualidade da educação bilíngue para Surdos**: processos e projetos pedagógicos. Porto Alegre: Mediação, 1999. v. 1, p. 15-26.

LACERDA, C. B. F.; LODI, A. C. B. **Uma escola duas línguas**: letramento em língua portuguesa e língua de sinais nas etapas iniciais de escolarização. Porto Alegre: Mediação, 2009.

LODI, A. C. B.; MÉLO, A. D. B.; FERNANDES, E. (org.). **Letramento, bilinguismo e educação de surdos**. Porto Alegre: Mediação, 2021. 392 p.

ONU – Organização das Nações Unidas. Declaração Universal dos Direitos do Homem. *In*: ASSEMBLEIA GERAL DAS NAÇÕES UNIDAS, 217, 1948.

QUADROS, R. M. de. **Educação de Surdos**: aquisição da linguagem. Porto Alegre: Artes Médicas, 1997.

REIGOTA, M. **O que é educação ambiental**. São Paulo: Estudos Brasiliense, 1994.

SANCHEZ, C. **La educación de los Sordos em um modelo bilingue**. Mérida: Diakenia, 1991.

SAUVÉ, L. Educação ambiental: possibilidade e limitações. **Educação e Pesquisa**, São Paulo, v. 31, n. 2, p. 317-322, 2005.

SKLIAR, C. (org.). **A surdez**: um olhar sobre as diferenças. Porto Alegre: Mediação, 2005.

VELASCO, S. L. Notas filosóficas sobre a pedagogia da educação ambiental. **Revista de Educação Ambiental**, [s. l.], v. 3, n. 1, p. 31-47, 1999.

VYGOTSKY, L. S. **Pensamento e linguagem**. 2. ed. São Paulo: Martins Fontes, 1934.

PARTE II

Os Ribeirinhos e o meio ambiente: crianças aprendendo e brincando com resíduos sólidos

INTRODUÇÃO

No atual contexto global, a preocupação com as mudanças climáticas e seus impactos devastadores sobre o meio ambiente tem despertado a atenção de líderes e cidadãos ao redor do mundo. Em resposta a esses desafios, foram estabelecidos objetivos e metas para mitigar os efeitos negativos causados pelos resíduos sólidos e promover a sustentabilidade. Essa agenda global, fundamentada nos 17 Objetivos do Desenvolvimento Sustentável (ODS), busca a transversalidade entre os aspectos econômicos, sociais, ambientais e institucionais como caminho para um futuro mais harmonioso.

No âmbito dessa agenda, um dos pilares essenciais para alcançar esses objetivos é a conscientização ambiental e a educação socioambiental. Reconhece-se que a formação de cidadãos conscientes e responsáveis pela preservação do meio ambiente é fundamental para o alcance das metas de sustentabilidade.

É nesse contexto que este livro se insere, com o objetivo claro de apresentar sugestões e promover a conscientização ambiental por meio de uma abordagem inovadora: a produção de brinquedos com materiais recicláveis e a promoção da ludicidade em brincadeiras. Esta obra busca estabelecer uma relação consciente entre o conhecimento desses materiais e o meio ambiente, destacando a importância da aprendizagem ambiental como mecanismo de valorização e respeito à condição de formação de cidadãos responsáveis pela preservação de nossa casa comum.

A base teórica desta abordagem se sustenta em uma pesquisa bibliográfica com abordagem descritiva e qualitativa, utilizando referências de autores reconhecidos na temática em foco. Ao analisar a relevância da Educação Ambiental (EA) na formação de políticas públicas abrangentes, envolvendo diferentes níveis governamentais e ampliando suas atuações no desenvolvimento de projetos ambientais, este livro visa oferecer uma contribuição significativa para a compreensão do papel da educação na construção de um futuro sustentável.

Adicionalmente, apresentaremos um exemplo concreto de como a conscientização ambiental pode ser aplicada na prática. O projeto da Escola Municipal de Barcarena-PA "Prefeito Laurival Cunha", localizada na Ilha das Onças – Furo do Nazário – Comunidade Ribeirinha, ilustra uma proposta de educação socioambiental vinculada à Secretaria Municipal de Educação e Desenvolvimento Social – Semed. Esse projeto serve como um modelo inspirador de conscientização ambiental por meio da produção de brinquedos recicláveis, transformando resíduos em recursos educativos e estimulando a participação ativa da comunidade escolar na preservação ambiental.

No cerne dos objetivos propostos, esta obra busca disseminar práticas educativas sustentáveis, promovendo a consciência ambiental desde a infância e incentivando ações individuais e coletivas de preservação do meio ambiente. Ao sensibilizar as crianças sobre a importância da sustentabilidade por meio de brinquedos recicláveis, almejamos formar cidadãos responsáveis e comprometidos com a preservação de nosso planeta.

A questão central que norteará este livro é: como a produção de brinquedos com materiais recicláveis pode contribuir para a sensibilização ambiental e a formação de cidadãos responsáveis em comunidades Ribeirinhas? Ao longo desta obra, exploraremos essa indagação, oferendo insights valiosos e perspectivas inovadoras que podem iluminar o caminho para um futuro mais sustentável e consciente.

2

FUNDAMENTOS TEÓRICOS

A Educação Ambiental (EA) teve sua importância destacada nos espaços de discussão, como um dos instrumentos imprescindíveis na busca de soluções para a crise. Nesse contexto, grandes eventos aconteceram sob a égide das Nações Unidas (ONU) apresentando princípios e práticas concernentes à defesa do meio ambiente, e em 1972, em Estocolmo, foi realizada uma conferência de grande repercussão em toda a história e que revelou uma alavanca para diversos desdobramentos mundiais, como práticas voltadas para uma nova ordem de consciência ecológica e a convivência humana com o planeta (ONU, 1948).

No Brasil houve a ECO 92, que aconteceu no Rio de Janeiro em 1992. Foi criada a Agenda 21 Global, e como consequência deu ênfase ao capítulo 36 da Educação Ambiental. Posteriormente o debate foi disseminado e se intensificou cada vez mais. Apesar de a Carta Magna de 1988 estabelecer no seu art. 225, § 1º, VI, a obrigação do Poder Público de "promover a EA em todos os níveis de ensino e a conscientização pública para a preservação do meio ambiente" (BRASIL, 1988, s/p), comungado com a Política Nacional de Meio Ambiente de 1981, que prevê a "educação ambiental a todos os níveis de ensino, inclusive a educação da comunidade, objetivando capacitá-la para participação ativa na defesa do meio ambiente". Observa-se que o ambiente estava preparado para a criação da Política Nacional de Educação Ambiental (Pnea), que foi instituída por meio da Lei Federal n.º 9.795, de 1999. Essa Pnea favoreceu a composição da Educação Ambiental como:

> Os diversos processos por meio dos quais o indi-
> víduo e a coletividade constroem valores sociais,
> conhecimentos, habilidades, atitudes e competências

voltadas para a conservação do meio ambiente, bem de uso comum do povo, essencial à sadia qualidade de vida e sua sustentabilidade (BRASIL, 1999, s/p).

Essa lei para a educação, que define a natureza da EA, seus princípios e objetivos, foi resultado de um processo evolutivo de movimentos e mudanças ocorridas no mundo inteiro desde meados do século 20. As inúmeras conferências e relatórios fortaleceram as discussões em torno da crise ambiental também no Brasil (MACHADO, 2014).

2.1 O Projeto Macro da Secretaria Municipal de Educação de Barcarena – Semed e o Projeto da Escola Municipal "Prefeito Laurival Cunha": os Ribeirinhos e o pertencimento a uma comunidade tradicional

O Projeto Macro da Secretaria de Educação do Município de Barcarena adotou medidas para capacitar toda a rede de ensino, para que posteriormente fosse aplicado nas escolas, inclusive na Escola Municipal "Prefeito Laurival Campos Cunha", que atende a Comunidade Tradicional[1] – Ribeirinhos. Todavia foi vislumbrada a possibilidade de efetivamente subsidiar as ações previstas no Projeto Macro. Após a divulgação do tema do projeto, foi possível dar início à elaboração de estratégias para atingir as áreas social e ambiental articulada aos instrumentos de planejamento da gestão escolar.

Apoiada no projeto da escola em questão, foi efetivado com êxito e estabeleceu o processo que foi desenvolvido com experiências exitosas, e obteve seu sucesso condicionado ao planejamento e à ratificação das etapas do projeto desta pesquisa. Desde a sua implementação, deu-se o início em junho de 2019 até ao seu término em dezembro 2019. E essa é uma conquista de grande relevância

---

[1] As populações tradicionais, entre elas os Ribeirinhos, foram reconhecidas pelo Decreto Presidencial n.º 6.040/2007. Nele o Governo Federal reconhece, pela primeira vez na história, a existência formal de todas as chamadas populações tradicionais (BRASIL, 2007). Ao longo dos seis artigos do decreto, que institui a Política Nacional de Desenvolvimento Sustentável dos Povos e Comunidades Tradicionais (PNPCT), o governo ampliou o reconhecimento que havia sido feito parcialmente, na Constituição de 1988, aos indígenas e aos quilombolas. Disponível em: www.ecobrasil.eco.br. Acesso em: 10 out. 2018.

para quem reside em um ambiente onde a força da natureza se faz presente, e os Ribeirinhos aprenderam a viver em um meio repleto de limitações e desafios impostos pelo rio e pela floresta. A relação desse povo com as mudanças naturais fez com que eles adaptassem o seu cotidiano, seu modo de morar e de buscar meios para sua sobrevivência (BARCARENA, 2018).

Suas moradias são edificadas utilizando a madeira como principal alternativa de construção. A grande maioria das residências são palafitas[2], geralmente não possuem energia elétrica, água encanada e saneamento básico, e estão localizadas próximas às margens dos rios, construídas alguns metros acima do nível do rio para evitar que sejam invadidas pelas águas durante o inverno rigoroso, ou seja, vivem em certa medida desprovidos de políticas públicas, que trate das carências e reinvindicações de trabalhadores Ribeirinhos e faz com que quem reside em um ambiente simplório como esse se torne um grande artífice da natureza e de sua própria história (TRINDADE JÚNIOR, 2002; SIMONIAN, 2010).

Esta pesquisa proporcionou para a comunidade interna e externa um olhar diferenciado para com a importância do rio na vida dos Ribeirinhos, pois é através dele que são estabelecidas as ligações entre as localidades, como escola, restaurantes em palafitas, cidade de Belém, município de Barcarena, Distrito de Icoaraci, entre outros, com a utilização de barcos como meio de transporte. O rio é a rua desses habitantes e o habitat natural dessa comunidade singular, e dentro do projeto da Escola Municipal "Prefeito Laurival Campos Cunha" foi realizado um concurso na escola com banca de jurados para definir qual alunos realizaria a melhor gravura ou desenho que

---

[2] O tipo palafita contempla relações espaciais que apontam as qualidades topológicas; trata-se de um padrão espacial que pode ser descrito pelo sistema mata-rio-roça-quintal (LOUREIRO, 2001), presente às margens de igarapés, rios e furos, indicando a resistência de uma cultura que se adaptou às terras baixas e alagáveis, ao ciclo das águas, a uma floresta densa e ao clima úmido com chuvas frequentes, firmando-se como comunidades tradicionais em palafitas ao optarem por casas elevadas do chão, dependência ao rio e grande permanência na paisagem amazônica, além do forte laço comunitário, registrando hábitos remanescentes do processo histórico de origem e colonização do território amazônico com seu modo de habitar peculiar (TRINDADE JÚNIOR, 2002; SIMONIAN, 2010).

representaria o momento desse projeto de sustentabilidade. E quem venceu foi o aluno do 5.º ano do ensino fundamental I.

É no rio também que os Ribeirinhos executam uma das principais atividades que lhes proporciona fonte de renda e de sobrevivência: a pesca, o extrativismo vegetal, como a atividade da colheita do açaí e outros frutos.

Segundo o Instituto Ecobrasil (2018, s/p):

> A relação diferenciada com a natureza faz dos Ribeirinhos grandes detentores de conhecimentos sobre a fauna e da flora da floresta; o uso de plantas medicinais; o ritmo e o caminho das águas; os sons da mata; as épocas da terra. Esse convívio alimenta a cultura e os saberes transmitidos de pai para filho.

A citação do Instituto Ecobrasil destaca a importância da relação diferenciada que os Ribeirinhos têm com a natureza e como isso os torna grandes detentores de conhecimentos valiosos sobre diversos aspectos da floresta. Essa convivência próxima com a fauna e a flora da floresta, o uso de plantas medicinais, o conhecimento sobre o ritmo e o caminho das águas, os sons da mata e as épocas da terra são aspectos fundamentais da cultura e dos saberes transmitidos de geração em geração.

Essa relação íntima com a natureza é um exemplo notável de como as comunidades locais podem ser guardiãs do conhecimento tradicional e das práticas sustentáveis. Os Ribeirinhos desempenham um papel vital na preservação da biodiversidade e na conservação dos recursos naturais. Seus conhecimentos ancestrais não apenas contribuem para a sua subsistência, mas também oferecem insights valiosos para a pesquisa científica e a gestão ambiental.

Além disso, a transmissão desses saberes de pai para filho é uma forma importante de preservar a identidade cultural e a coesão das comunidades Ribeirinhas. Essa passagem de conhecimento é uma parte essencial da herança cultural dessas populações, e é fundamental reconhecer e apoiar sua contribuição para a conservação da natureza e a promoção da sustentabilidade.

A abordagem nos projetos da Secretaria Municipal de Educação e Desenvolvimento Social – Semed do município de Barcarena-PA cria um vínculo de pertencimento a uma comunidade tradicional, e é possível explorar conceitos e sugestões relacionados à importância dos projetos educacionais para os Ribeirinhos e sua conexão como sendo de pertencimento à comunidade tradicional. É importante fundamentar-se em estudos que abordem a realidade e as particularidades dos Ribeirinhos e comunidades tradicionais. Dessa forma, será possível contextualizar e embasar teoricamente a importância dos projetos educacionais para promover o desenvolvimento sustentável dessas comunidades (RIBEIRO, 1995).

Segundo Günther (2018, p. 37) relata: "Os brinquedos reciclados oferecem uma oportunidade única de criar diversão e aprendizagem usando materiais que, de outra forma, seriam descartados, promovendo e consciência ambiental desde cedo".

Neste livro é apresentada uma variedade de ideias e instruções para criar brinquedos divertidos usando materiais reciclados e proporcionando uma contribuição valorosa para uma opção de descarte utilizável.

As comunidades tradicionais, em suas histórias, desenvolveram modos de vida intimamente relacionados aos ambientes naturais em que estão inseridos, estabelecendo relações sociais distintas das que prevalecem nas sociedades urbano-industriais (ARRUDA, 1999). Em muitas delas, o trabalho produtivo, fundado em relações familiares e comunais, está vinculado aos ciclos naturais; e as simbologias, mitos e rituais estão associados à caça, pesca, às atividades extrativistas e à pequena agricultura. Assim, o sistema de produção em que estão inseridos não é marcado pela rápida acumulação de capital (PORTO--GONÇALVES, 2006), e sua reprodução social depende do ambiente natural e de fortes vínculos territoriais, contrapondo-se às visões de mundo que mercantilizam a vida e dicotomizam sociedade e natureza (LOUREIRO, 2012).

O mundo está rodeado de objetos importantes para a vida dos seres, tais como papel, papelão, vidros, embalagens plásticas, restos de alimentos etc., e existem materiais extraídos do solo, minerais e minérios: ferro, alumínio, cobre, ouro, prata bauxita, carvão mineral; também recursos hídricos: água doce; e ainda rochas: granito, mármore e calcário; e combustíveis fósseis: petróleo, gás natural e carvão. Ao perderem a função, tornam-se lixo. Nesse sentido, pode-se definir o lixo como sendo: todos os tipos de resíduos sólidos resultantes das diversas atividades humanas ou ao material extraído da terra. O lixo contribui diretamente ou indiretamente para a poluição ambiental em todo planeta (CARVALHO; OLIVEIRA, 2003, p. 89).

Portanto, o lixo favorece a degradação do meio ambiente das seguintes formas: lixo domiciliar; lixo comercial e público; lixo industrial; lixo contaminado; lixo radioativo; lixo hospitalar. Independentemente da forma, a quantidade de lixo tem aumentado a cada dia nas grandes cidades, trazendo problemas ambientais sérios e perigo à saúde das pessoas.

Vieira (2022, p. 2) comenta que:

> O Brasil produz 241.614 toneladas de lixo por dia, 76% são depositados a céu aberto em lixões; 13% são depositados em aterros controlados, 10% em usinas, 0,1% são incinerados; sendo que 53% são de restos de comidas. Cada brasileiro gera diariamente, 500g de lixo, podendo chegar a 1kg dependendo do poder aquisitivo e do lugar de moradia.

Diante desse cenário, temos a possibilidade de interferência nesse ambiente desfavorável, tendo como proposta sensibilizar toda comunidade em prol da reciclagem, principalmente na coleta seletiva. A Escola "Prefeito Laurival Campos Cunha" iniciou uma campanha para a limpeza do ambiente escolar, criando posturas de sustentabilidade e de transformação do lixo em brinquedos e brincadeiras. Foi a motivação de todo um processo de ressignificar procedimentos ecologicamente corretos.

Ao analisar os diferentes tipos de projetos implementados em comunidades Ribeirinhas, é recomendado realizar uma revisão da literatura que explore as características, os objetivos e os resultados desses projetos em diferentes contextos. Alguns autores que podem ser citados nesse sentido são:

- Silveira (2018, p. 28): "A pesquisa realizada na região amazônica com a importância do desenvolvimento sustentável nas comunidades Ribeirinhas, demonstrando a necessidade de políticas e práticas que considerem a realidade socioambiental única dessas comunidades".

- Ferreira (2020, p. 46): "A análise dos impactos socioambientais de projetos de desenvolvimento em comunidades tradicionais revela a importância de abordagens integradas, considerando os aspectos econômicos, sociais e ambientais, visando o fortalecimento das comunidades e a conservação dos recursos naturais".

- Souza (2019, p. 10): "O estudo de caso realizado no Rio Negro destaca a relevância de projetos de educação ambiental nas comunidades Ribeirinhas, evidenciando a importância da conscientização e participação ativa dos moradores na preservação e valorização do ambiente natural".

Essas citações ilustram brevemente as principais contribuições em relação ao tema ambiental em comunidades Ribeirinhas e seus projetos de desenvolvimento sustentável. Esses autores e suas obras oferecem insights relevantes dos seus resultados da pesquisa, contribuindo para a compreensão de outros projetos desenvolvidos em comunidades Ribeirinhas e para a proposição de diretrizes eficazes.

2.2 As brincadeiras e o meio ambiente

A abordagem nos projetos da Secretaria Municipal de Educação de Barcarena – Semed cria um vínculo de pertencimento a uma comunidade tradicional, e é possível explorar conceitos e sugestões relacionados à importância dos projetos educacionais para os Ribeirinhos e sua conexão como senso de pertencimento à comunidade tradicional. É importante fundamentar-se em estudos que abordem a realidade e as particularidades dos Ribeirinhos e comunidades tradicionais. Dessa forma, será possível contextualizar e embasar teoricamente a importância dos projetos educacionais para promover o desenvolvimento sustentável dessas comunidades.

Segundo Günther (2018, p. 37) relata: "Os brinquedos reciclados oferecem uma oportunidade única de criar diversão e aprendizagem usando materiais que, de outra forma, seriam descartados, promovendo a consciência ambiental desde cedo".

Nesse livro, o autor apresenta uma variedade de ideias e instruções para criar brinquedos divertidos usando materiais reciclados e proporcionando uma contribuição valorosa, devido à opção de descarte utilizável.

A busca pela possibilidade de ludicidade nas crianças tem sido uma fonte constante de inspiração ao longo da história, apesar de alguns considerarem esse desejo como algo antiquado e obsoleto, devido à evolução das brincadeiras contemporâneas ao longo do tempo. No entanto Borba (2007, p. 33) destaca uma perspectiva valiosa ao enaltecer as palavras de Walter Benjamin:

> [...] as crianças são inclinadas de modo especial a procurar todo e qualquer lugar de trabalho onde visivelmente transcorre a atividade sobre as coisas. Sentem-se irresistivelmente atraídas pelo resíduo que surge na construção, no trabalho de jardinagem ou doméstico, na costura ou na marcenaria. Em produtos residuais reconhecem o rosto que o mundo das coisas volta exatamente para elas, e para elas unicamente. Neles, elas menos imitam as obras dos adultos do que põem materiais de espécie muito diferente, através daquilo que com eles aprontam no brinquedo, em uma nova, brusca relação entre si. Walter Benjamim.

Nesse contexto, as palavras de Benjamin ressaltam a fascinação das crianças pelo mundo ao seu redor, especialmente pelos vestígios deixados pelas atividades humanas. Esses vestígios se tornam elementos de criatividade e exploração, em que as crianças não simplesmente imitam os adultos, mas sim transformam materiais diversos por meio do brincar, estabelecendo conexões únicas e inovadoras entre eles.

Segundo Borba (2007, p. 33-34):

> A experiência do brincar cruza diferentes tempos e lugares, passados, presentes e futuros, sendo marcada ao mesmo tempo pela continuidade e pela mudança. A criança, pelo fato de se situar em um contexto histórico e social, ou seja, em um ambiente estruturado a partir de valores, significados, atividades e artefatos construídos e partilhados pelos sujeitos que ali vivem, incorpora a experiência social e cultural do brincar por meio das relações que estabelece com os outros — adultos e crianças. Mas essa experiência não é simplesmente reproduzida, e sim recriada a partir do que a criança traz de novo, com o seu poder de imaginar, criar, reinventar e produzir cultura.

Assim, a experiência do brincar corresponde àquilo que transcende o imaginável de um adulto altamente inserido em um contexto metropolitano e se articula com o ilimitável pensamento de uma criança querendo apenas se divertir e brincar. As formas mais simples de construção desses brinquedos estão à disposição em um artefato impróprio para um ser humano que é o lixo ou mais especificamente os resíduos sólidos.

Tal concepção contemporânea afasta da visão predominante de criação dos brinquedos e brincadeiras proposta pela Secretaria Municipal de Educação de Barcarena – Semed, que permeia a assimilação de códigos e padrões estabelecidos de construção de brinquedos e brincadeiras de um mundo globalizado. Entretanto, ao considerarmos os paradoxos dos tempos atuais em que vivemos e que futuras gerações viverão, percebe-se uma desvalorização do meio ambiente, pois estamos caminhando individualmente, em um contexto de intenso pragmatismo e conformismo em relação às práticas relacionadas ao meio ambiente.

Segundo Vygotsky (1934), um dos principais representantes da visão de transformar o uso da ludicidade em criatividade, o brincar é uma atividade humana criadora, na qual imaginação, fantasia e realidade interagem na produção de novas possibilidades de interpretação, de expressão e de ação pelas crianças, assim como novas formas de construir relações sociais com outros sujeitos, crianças e adultos, autores de seus processos de constituição de conhecimentos, culturas e subjetividades.

2.3 A inserção das crianças na construção de brinquedos e brincadeiras e a Educação Ambiental

Segundo Miranda *et al.* (2010), a criança participando desse processo de construção e experimentação da realidade de forma coletiva passa então a constituir seus próprios conceitos. Ainda mais quando trata de assuntos familiares ao seu cotidiano e evoca o lazer, como o estudo em questão com o lixo ou resíduos sólidos nos rios, mares e oceanos, tornando-a agente ativo de mudanças. A articulação entre esses conceitos espontâneos e científicos proporciona uma visão mais abrangente do real e concreto, sustentada por essa interconexão e geração a partir da própria vivência da criança.

Na Escola Municipal de Barcarena "Prefeito Laurival Cunha", aconteceu a realização e concretização do projeto "Brinquedos e Brincadeiras com resíduos sólidos retirados do meio ambiente". O envolvimento das crianças na construção desses brinquedos e brincadeiras reverberou na prática consciente e, consequentemente, na Educação Ambiental. No processo de experimentação coletiva de sua realidade, começam a formar seus próprios conceitos, especialmente quando se trata de tópicos familiares à sua vida cotidiana e envolve o lazer, como é o caso deste estudo sobre resíduos ou lixo sólido em rios, mares e oceanos. Essa participação ativa as torna agentes de mudança. A conexão entre esses conceitos espontâneos e científicos proporciona uma visão mais abrangente e concreta da realidade, sustentada por sua interconexão e geração a partir das próprias experiências da criança.

O tema "resíduos ou lixo sólido" tem sido um foco significativo nas práticas realizadas por educadores ambientais. Sua abordagem oferece uma variedade de possibilidades na educação em ciências, seja nas escolas ou em espaços alternativos, para fornecer opções para trabalhos interdisciplinares com vários focos, como coleta seletiva de resíduos, consumo consciente, reciclagem industrial e a construção de brinquedos e jogos (CINQUETTI, 2004, p. 307; EIGENHEER, 2008, p. 23).

No que diz respeito à escola onde o projeto foi realizado, o projeto na Escola Municipal de Barcarena "Prefeito Laurival Cunha" foi implementado de acordo com a prática de criar brinquedos e promover jogos e brincadeiras usando materiais provenientes de resíduos sólidos.

2.4 A Educação Ambiental e a ludicidade nas escolas

A Educação Ambiental surge, portanto, como uma ferramenta capaz de promover alterações na perspectiva da sociedade, contribuindo para a adoção de práticas sustentáveis, conforme destacado por Coimbra (2006, p. 136). Isso inclui abordar questões como o problema do lixo nos rios, mares e oceanos, com o objetivo de moldar indivíduos que demonstrem coerência em suas ações, ética em suas interações, convívio social saudável e cuidado com o meio ambiente, como enfatizado por Reigada e Reis (2004, p. 154).

De acordo com Almeida e Simão (2010), a percepção ambiental é como uma visão que cada indivíduo tem do espaço que o cerca, uma imagem fidedigna do que vê e que o leva a interagir, podendo influenciar pessoas e o ambiente no qual interage. A percepção de cada indivíduo é um processo pessoal. Contudo o indivíduo não age isoladamente num determinado ambiente, mas de forma coletiva, uma vez que faz parte de um grupo com comportamento e características semelhantes.

Nesse aspecto, Libâneo (2019, p. 25) contribui dizendo:

> A ludicidade na educação é essencial para engajar os estudantes e tornar o processo de aprendizagem mais significativo. O uso de materiais recicláveis na criação de brinquedos estimula a imaginação e a criatividade, proporcionando uma abordagem lúdica e sustentável.

O autor aborda a importância da ludicidade na educação, incluindo o uso de materiais recicláveis para criar brinquedos e promover a aprendizagem significativa, concedendo uma abordagem lúdica e sustentável.

Abaixo o produto técnico que qualificou dois produtos criativos e educacionais que destacam a importância da sustentabilidade e do reaproveitamento de materiais provenientes de resíduos sólidos para a preservação do meio ambiente. Os brinquedos desenvolvidos, um liquidificador e um expositor de moda, não apenas demonstram a criatividade e habilidades dos alunos, mas também promovem a conscientização ambiental de uma maneira divertida e educativa.

O brinquedo liquidificador, construído a partir de materiais como potes de requeijão, pote de fermento em pó e bico de detergente, não apenas ensina às crianças sobre a reutilização de materiais, mas também oferece uma representação lúdica de um aparelho doméstico comum. A utilização de cola Tekbond como material de fixação mostra a versatilidade desses materiais recicláveis.

Já o expositor de moda, feito com copos descartáveis e recortes de revistas de moda antigas, proporciona uma maneira única de apresentar vestimentas e roupas de moda, incentivando a criatividade e a imaginação das crianças. Ao girar os copos, as diferentes vestimentas aparecem, criando um efeito divertido e envolvente.

Esses produtos técnicos não apenas demonstram a capacidade de transformar resíduos em objetos úteis e divertidos, mas também promovem a Educação Ambiental e a consciência sobre a importância da sustentabilidade desde a infância. Eles servem como exemplos inspiradores de como podemos repensar o uso de materiais descartáveis e, ao mesmo tempo, criar brinquedos educativos e estimulantes.

Em suma, esses produtos destacam a relevância da Educação Ambiental e do reaproveitamento de resíduos sólidos na formação de cidadãos conscientes e responsáveis em relação ao meio ambiente. Os brinquedos criados são uma representação tangível desse conceito, e esperamos que sirvam como modelos para futuras iniciativas educacionais e ambientais.

2.5 Produto técnico

Quadro 1 – Produto técnico apresentando a criação dos brinquedos

PRODUTO TÉCNICO: TECNOLOGIA NÃO PATENTEÁVEL
Discente: Cristina Maria da Silva Cordeiro
Professor Orientador: Dr. Davi do Socorro Barros Brasil
Belém-Pa, 27 de março de 2023.

Fonte: a autora (2023)

O produto técnico ora apresentado é oriundo de resíduos sólidos e tem como escopo fazer brinquedos e brincadeiras, destacando a importância da sustentabilidade e do reaproveitamento de materiais para a preservação do meio ambiente.

2.5.1 Liquidificador (brinquedo)

2.5.1.1 Descrição dos materiais: Os materiais que foram utilizados na produção do brinquedo liquidificador destacam suas características, origem e formas de reutilização. Nesse caso, os materiais utilizados foram:

2.5.1.1.1 Pote de requeijão: material feito de plástico, comum em embalagens de alimentos. Na composição foi simulado sendo o copo do liquidificador;

2.5.1.1.2 Pote de fermento em pó: material comumente utilizado na culinária, que foi reaproveitado como sendo a base do liquidificador;

2.5.1.1.3 O bico de detergente (pia): material feito de plástico, utilizado em embalagens de produtos de limpeza, foi utilizado para representar o acionamento de liga/desliga e controle de velocidade do liquidificador;

2.5.1.1.4 Cola Tekbond: material utilizado para fixar e unir diferentes partes do brinquedo.

2.5.2 Descrição do passo a passo da produção do produto técnico. Foi da seguinte forma:

2.5.2.1 Preparação dos materiais: pote de requeijão, pote de fermento em pó, bico de detergente (pia) e cola Tekbond. Foram separados para a limpeza deles e colocados para a construção do brinquedo;

2.5.2.2 Descrição detalhada de peça por peça para criação do brinquedo:

2.5.2.2.1 O pote de requeijão: Foi escolhido como a base do copo do liquidificador;

2.5.2.2.2 O pote de fermento em pó: Foi sugerido que fosse a base do liquidificador;

2.5.2.2.3 O bico de detergente (pia): Foi simulado como acionador de liga/desliga e para o controle da velocidade do liquidificador;

2.5.2.2.4 Com a cola Tekbond: Foi utilizado para vários trabalhos, como fixar o copo do liquidificador (pote de requeijão) na base do liquidificador (pote de fermento em pó), e também a cola Tekbond serviu para fixar o acionador liga/desliga e controle de velocidade do liquidificador (bico de detergente na base que é o pote de fermento em pó e a cola Tekbond).

Foto 1 – Brinquedo criado pelos alunos com resíduos sólidos

Fonte: a autora (2023)

2.5.3 Expositor de moda (brinquedo)

2.5.3.1 Descrição dos materiais: Os materiais que foram utilizados na produção do brinquedo Expositor de moda destacam suas características, origem e formas de reutilização. Nesse caso, os materiais utilizados foram:

2.5.3.1.1 Dois copos descartáveis de 500ml: material feito de plástico poliestireno expandido, tipo de plástico comum em embalagens de alimentos e bebidas;

2.5.3.1.2 Figuras de roupas e figura de uma menina: material de papel retirado de revistas de modas antigas que foram descartadas no lixo;

2.5.3.1.3 Cola Tekbond: material utilizado para fixar e unir diferentes partes do brinquedo;

2.5.3.1.4 Tesoura: utensílio utilizado para recortar as figuras de roupas e figura da menina.

2.5.3.2 Descrição do passo a passo da produção do produto técnico. Foi da seguinte forma:

2.5.3.2.1 Preparação dos materiais: copos descartáveis, revistas de moda. Foram separados para a limpeza deles e colocados para a construção do brinquedo;

2.5.3.2.2 Descrição detalhada de peça por peça para criação do brinquedo:

2.5.3.2.3 Os copos descartáveis foram apresentados como uma brincadeira de meninas para simular a apresentação de vestimentas ou roupinhas da moda de meninas;

2.5.3.2.4 As revistas: serviram para serem recortadas com tesoura nas vestimentas ou roupinhas de moda das meninas e coladas no copo que ficou sobre o outro de dentro, e também recorte da revista de moda da figura da menina e colada no copo de dentro;

2.5.3.2.5 Com a cola Tekbond: Foi utilizada para vários trabalhos, como fixar os recortes das vestimentas ou roupinhas de moda da menina e também a cola Tekbond serviu para fixar no copo de dentro a figura de uma menina.

2.5.4 Funcionamento do brinquedo

Para operacionalizar e dar movimento ao brinquedo, foi necessário empilhar os dois copos um sobre o outro e girar os copos. Ao girar o copo, aparecem diversas vestimentas ou roupinhas de moda de menina, e no outro copo de dentro aparece a figura da menina, criando um efeito de troca de vestimentas ou roupinhas; e permitindo também que a criança pudesse inventar vários estilos para a personagem, e a cola Tekbond serviu para fixar as vestimentas ou roupinhas de moda e a figura da menina, com o objetivo de garantir que elas não se soltassem durante a brincadeira.

Foto 2 – Brinquedo criado pelos alunos com resíduos sólidos

Fonte: a autora (2023)

Autor/Organizador:

- Cristina Maria da Silva Cordeiro

Coautores/Organizadores:

- Davi do Socorro Barros Brasil (Professor Orientador)
- Ricardo Nazareno Barra Cordeiro
- Carmen Maria da Silva
- Edna Maria da Silva

RESULTADOS DA PSQUISA

Com a conclusão da pesquisa, foi desenvolvido um produto técnico de confecção de brinquedos a partir dos resíduos sólidos. Esse produto busca promover uma abordagem inclusiva da Educação Ambiental, valorizando a diversidade cultural e garantindo a participação ativa da comunidade tradicionais em ações socioambientais.

Para responder às hipóteses de pesquisa e investigar os projetos voltados para o desenvolvimento das comunidades Ribeirinhas, recomenda-se realizar pesquisas bibliográficas e estudos de caso que abordem experiências concretas de projetos implementados nessas comunidades. Alguns aspectos a serem considerados incluem os impactos socioeconômicos dos projetos, como geração de renda, melhoria da qualidade de vida e acesso a serviços básicos; os impactos ambientais, como a conservação dos recursos naturais e o uso sustentável dos ecossistemas; e os impactos culturais, como o fortalecimento das tradições locais e a preservação do conhecimento tradicional.

E, por fim, é recomendado propor diretrizes para a elaboração e execução de projetos que promovam o desenvolvimento sustentável e fortaleçam o sentimento de pertencimento nas comunidades Ribeirinhas. Essas recomendações podem ser consolidadas com base nos resultados da pesquisa e nas experiências estudadas, formando um conjunto de diretrizes práticas.

Existem algumas respostas para a pergunta-problema desta pesquisa, e a análise mais aprofundada dos estudos e experiências citadas neste trabalho fornece insights adicionais e embasa argumentos mais detalhados no trabalho; e para responder a pergunta formulada é necessário adotar uma abordagem integrada que envolva diferentes aspectos da conscientização ambiental, da valorização da diversidade cultural e do engajamento das comunidades Ribeirinhas em ações socioambientais.

A produção de brinquedos a partir de materiais recicláveis é uma estratégia eficaz para sensibilizar as crianças e suas famílias sobre a importância da reutilização de materiais, redução de resíduos e preservação do meio ambiente. Ao envolver as comunidades Ribeirinhas nesse processo, valorizando seus conhecimentos tradicionais e práticas sustentáveis, é possível fortalecer o sentimento de pertencimento e promover a valorização da cultura local.

Além disso, a ludicidade em brincadeiras com materiais recicláveis estimula a criatividade, o trabalho em equipe e a interação social, proporcionando um ambiente propício para o aprendizado e a troca de conhecimento. Essas atividades lúdicas podem ser desenvolvidas tanto nas escolas, por meio de projetos educacionais, quanto nas comunidades, por meio de iniciativas comunitárias e eventos culturais.

Para garantir a participação ativa das comunidades Ribeirinhas em ações socioambientais, é essencial promover uma abordagem participativa e inclusiva. Isso envolve a escuta ativa das necessidades e demandas das comunidades, o estabelecimento de parcerias colaborativas entre diferentes atores sociais, como escolas, organizações não governamentais e poder público, e o fortalecimento da autonomia local.

Portanto, a resposta à pergunta da dissertação envolve a implementação de estratégias que valorizem a produção de brinquedos e a ludicidade com materiais recicláveis, promovam a conscientização ambiental, valorizem a diversidade cultural e garantam a participação ativa das comunidades Ribeirinhas em ações socioambientais. Essas ações podem contribuir para a formação de cidadãos conscientes, comprometidos com a preservação do meio ambiente e com o desenvolvimento sustentável das comunidades Ribeirinhas.

CONCLUSÃO

A conclusão da dissertação se baseou na apresentação de sugestões e reflexões relacionadas à conscientização ambiental, utilizando a produção de brinquedos e a ludicidade em brincadeiras com materiais recicláveis como estratégias para promover a valorização do meio ambiente e a participação ativa das comunidades Ribeirinhas em ações socioambientais.

Ao longo deste trabalho, foi possível observar que a conscientização ambiental não se limita apenas à adoção de práticas sustentáveis, mas também envolve aspectos culturais, sociais e educacionais. A valorização da diversidade cultural e o fortalecimento do sentimento de pertencimento das comunidades Ribeirinhas são fundamentais para promover uma abordagem inclusiva e participativa.

A partir das experiências e reflexões compartilhadas, percebe-se a necessidade de transformar a mentalidade e os hábitos em relação à problemática do lixo, começando pelas escolas como espaços de aprendizado e vivência do conhecimento. A conscientização ambiental deve fazer parte do cotidiano escolar, estimulando a responsabilidade individual e coletiva na preservação do meio ambiente.

Além disso, os aspectos pedagógicos e ambientais devem ser considerados na busca por soluções sustentáveis. A Educação Ambiental desempenha um papel fundamental na promoção da sustentabilidade e na preservação dos recursos naturais. O compartilhamento de saberes e experiências com a comunidade educativa fortalece os laços entre a escola e a comunidade, incentivando ações concretas de cuidado com o ambiente.

Como proposta de sustentabilidade, destaca-se a importância de envolver os alunos como protagonistas e idealizadores de práticas sustentáveis, como a coleta seletiva, a compostagem e o reaproveitamento de resíduos sólidos. Essas ações não apenas contribuem para a preservação do meio ambiente, mas também têm potencial econômico e social, possibilitando a geração de renda e a criação de novas atividades econômicas sustentáveis.

A pesquisa realizada buscou fornecer informações teóricas e práticas sobre a Educação Ambiental dos Ribeirinhos, visando auxiliar profissionais das áreas de meio ambiente, saúde e educação na elaboração de programas de intervenção e adaptação de conteúdos programáticos. No entanto é importante ressaltar que este estudo não se encerra aqui, mas abre espaço para críticas, provocações e novas pesquisas relacionadas à temática proposta.

Quanto ao produto técnico apresentado, o brinquedo liquidificador e o expositor de moda são testemunhos inspiradores de como a criatividade pode se unir à sustentabilidade. Eles não apenas ensinam às crianças sobre a reutilização de materiais e transformação de resíduos em objetos úteis e divertidos, mas também estimulam a imaginação e a consciência ambiental desde a infância.

Esses brinquedos vão além do entretenimento; eles representam uma abordagem prática e educativa para promover a importância da sustentabilidade em nossa sociedade. Ao reutilizar materiais do cotidiano e transformá-los em brinquedos envolventes, estamos transmitindo uma mensagem valiosa sobre a responsabilidade ambiental e o potencial criativo que podemos explorar para criar um futuro mais sustentável.

Em suma, a conscientização ambiental por meio da produção de brinquedos e da ludicidade com materiais recicláveis representa uma oportunidade de transformação, tanto nas comunidades Ribeirinhas quanto na sociedade como um todo. A busca por um desenvolvimento sustentável e a preservação do meio ambiente são desafios constantes, e é necessário continuar explorando e promovendo novas possibilidades de inclusão, educação e ação, visando a um futuro mais sustentável e consciente.

REFERÊNCIAS

ALMEIDA, K. D. S.; SIMÃO, M. O. A. R. A percepção de alunos do ensino médio sobre o desperdício de água no ambiente escolar: estudo de caso em duas escolas públicas de Manaus. *In*: CONGRESSO NORTE-NORDESTE DE PESQUISA E INOVAÇÃO, 5., 2010, Maceió. **Anais** [...]. Maceió: CONNEPI, 2010. p. 8.

ARRUDA, R. Populações tradicionais e a proteção dos recursos naturais em Unidades de Conservação. **Ambiente e sociedade**, [*s. l.*], ano II, n. 5, p. 79-92, 1999.

BARCARENA. Prefeitura de Barcarena. **Barcarena**: cidade da gente. Fundamental I. Barcarena, 2018. Disponível em: https://issuu.com/agenda2030barcarena/docs/barcarena__ensino_fundamental_1. Acesso em: 5 out. 2019.

BORBA, A. M. O brincar como um modo de ser e estar no mundo. **Revista Eletrônica de Jornalismo Científico**, Campinas, p. 33-45, 2007.

BRASIL. **Base Nacional Comum Curricular**. Brasília: MEC/CONSED/UNDIME, 2017. Disponível em: http://basenacionalcomum.mec.gov.br/images/BNCC_publicacao.pdf. Acesso em: 4 dez. 2023.

BRASIL. **Constituição da República Federativa do Brasil**. Brasília, Senado, 1988.

BRASIL. Decreto nº 6.040, de 7 de fevereiro de 2007. Institui a Política Nacional de Desenvolvimento Sustentável dos Povos e Comunidades Tradicionais. **Diário Oficial da União**: seção 2, Brasília, Senado, 2007.

BRASIL. **Lei n. 9.795, de 27 de abril de 1999**. Institui a Política nacional de Educação Ambiental. Brasília, Senado, 1999. Disponível em: www.senado.gov.br/19795/. Acesso em: 24 jan. 2023.

CARVALHO, A. R.; OLIVEIRA, M. V. C. de. **Princípios básicos do saneamento do meio ambiente**. São Paulo: Senac, 2003.

CINQUETTI, H. S. Lixo, resíduos sólidos e reciclagem: uma análise comparativa de recursos didáticos. **Educar**, Curitiba, n. 23, p. 307-333, 2004.

COIMBRA, A. O tratamento da educação ambiental nas conferências ambientais e a questão da transversalidade. **Revista Eletrônica do Mestrado de Educação Ambiental**, Rio Grande, v. 16, p. 131-142, 2006.

EIGENHEER, E. Resíduos sólidos como tema de educação ambiental. **ComCiência**: Revista Eletrônica de Jornalismo Científico, Campinas, v. 1, n. 19, p. 1, 2008.

FERREIRA, A. B. **Impactos socioambientais de projetos de desenvolvimento em comunidades tradicionais**. São Paulo: Cortez, 2020.

GÜNTHER, H. **Brinquedos reciclados**: como fazer brinquedos com materiais recicláveis. São Paulo: Cortez, 2018.

INSTITUTO ECOBRASIL. Comunidades tradicionais: ribeirinhos, 2018. Disponível em: www.ecobrasil.eco.br/site_content/30-categoria-conceitos/1195-comunidades-tradicionais-ribeirinhos. Acesso em: 26 jan. 2023.

LIBÂNEO, J. C. **Didática velhos e novos temas**. Goiânia: Alternativa, 2019.

LOUREIRO, C. F. B. **Sustentabilidade e educação**: um olhar da ecologia política. São Paulo: Cortez, 2012.

LOUREIRO, V. R. Pressupostos do modelo de integração da Amazônia aos mercados nacional e internacional em vigência nas últimas décadas: a modernização às avessas. *In*: COSTA, M. J. J. (org.). **Sociologia na Amazônia**: debates teóricos e experiências de pesquisa. Belém: UFPA, 2001. p. 47-70.

MACHADO, P. A. L. **Direito ambiental brasileiro**. 22. ed. São Paulo: Malheiros, 2014.

MIRANDA, A. C. B. *et al*. Alfabetização ecológica e formação de conceitos na educação infantil por meio de atividades lúdicas. **Investigações em Ensino de Ciências**, [*s. l.*], v. 15, n. 1, p. 181-200, 2010.

ONU – Organização das Nações Unidas. Declaração Universal dos Direitos do Homem. *In*: ASSEMBLEIA GERAL DAS NAÇÕES UNIDAS, 217, 1948.

PORTO-GONÇALVES, C. W. **A globalização da natureza e a natureza da globalização.** Rio de Janeiro: Civilização Brasileira, 2006.

REIGADA, C.; REIS, M. F. C. T. Educação ambiental para crianças no ambiente urbano: uma proposta de pesquisa-ação. **Ciência & Educação,** Bauru, v. 10, n. 2, p. 149-159, 2004.

RIBEIRO, B. G. **Os índios das águas pretas:** modo de produção e equipamento produtivo. São Paulo: Edusp: Companhia das Letras, 1995. 270 p.

SILVEIRA, M. L. **Desenvolvimento sustentável em comunidades ribeirinhas:** estudo de caso da Amazônia brasileira. Amazonas: UEMA, 2018.

SIMONIAN, L. T. L. **Palafitas, estivas e sua imagética na contemporaneidade urbanorrural a pan-amazônia.** Belém: UFPA, 2010. Disponível em: https://periodicos.ufpa.br/index.php/pnaea/article/view/11363. Acesso em: 27 jan. 2023.

SOUZA, R. F. **Projeto de educação ambiental em comunidades ribeirinhas:** estudo de caso no Rio Negro Amazonas. Amazonas: UEMA, 2019.

TRINDADE JÚNIOR, S. C. Imagens e representações da cidade ribeirinha na Amazônia: uma leitura a partir de suas orlas fluviais. **Revista Humanitas,** [s. l.], v. 18, n. 2, p. 135-148, 2002.

VIEIRA, E. de J. A reciclagem como instrumento de ensino. **Pedagogia ao pé da letra,** [s. l.], 2022. Disponível em: http://www.pedagogiaaopedaletra. com.br/posts/monografia-a-reciclagem-como-instrumento-de-ensino/. Acesso em: 4 fev. 2023.

VYGOTSKY, L. S. **A formação social da mente:** o desenvolvimento dos processos psicológicos superiores. São Paulo: Martins Fontes, 1934. 224 p.